Renate Michaelis

Nach den Sternen greifen

Redensarten und Sprichwörter

einmal anders betrachtet

Renate Michaelis

Nach den Sternen greifen

Redensarten und Sprichwörter

einmal anders betrachtet

tredition GmbH

ISBN 978-3-7323-3911-2

Stille Wasser sind tief

Sie können geheimnisvoll sein, so wie unsere
Gedanken manchmal und das Leben, das
vor uns liegt, rätselhaft, ungewiss,
und wir würden es oft gern ergründen.

Aber vielleicht ist es auch gut, dass wir
nicht alles vorherbestimmen können,
nicht alles wissen.

Es ist doch viel schöner, die Geheimnisse
des Lebens erst nach und nach zu erforschen
und deren Sinn zu erkennen.

Was nicht ist, kann noch werden

Deshalb können wir uns Zeit nehmen,
sollten Entscheidungen nicht übereilt treffen,
nicht mutlos werden, wenn etwas nicht nach
unseren Vorstellungen verläuft.

Wir müssen die Hoffnung nicht
begraben, sondern dürfen froh gestimmt
einen zweiten Anlauf wagen.

Alle Fünfe gerade sein lassen

Ausspannen, nein sagen können,
träumen, einfach die Seele baumeln
lassen und abschalten, um daraus
neue Kraft zu schöpfen.

Die Spatzen pfeifen es von den Dächern

Sie sagen uns, dass
wir morgens fröhlich aufstehen,
den Tag auch mit einem Lied beginnen
könnten, damit wir möglichem
Ärger gelassener entgegensehen.
Vielleicht können wir den Tag dann genauso
beenden, mit einem Lied, das uns in einen
friedlichen Schlaf begleitet.

Wenn der Berg nicht zum Propheten kommt, muss der Prophet zum Berg gehen

Wir sollten also ruhig nach einem Streit
den Anfang zur Versöhnung machen,
nicht nur stur auf unserem Recht pochen,
mal nachgeben, das erste Wort finden,
ein Signal senden, vielleicht auch nur
durch eine freundliche Geste,
eine Umarmung oder einen Kuss.

Träume sind Schäume

Es ist so schön zu träumen von Dingen,
die wir gern hätten, von dem Lottogewinn,
von den Heinzelmännchen, die unsere
Arbeit tun, davon, nur faulenzen zu können,
immer geliebt zu werden,
stets glücklich zu sein.

Aber Träume sind Schäume
und wenn wir trotzdem einige davon erfüllt
haben möchten, dann müssen wir aufwachen
und in die Wirklichkeit zurückkehren,
damit wir daran arbeiten können,
den einen oder anderen Traum zu verwirklichen.

So lange ich atme, hoffe ich

Das ist die Kunst des Lebens, die Hoffnung nie
aufzugeben, selbst dann nicht, wenn eine
Sache völlig ausweglos zu sein scheint.
Denn oftmals ist am Ende des Tunnels
doch noch ein Licht aufgetaucht
und alles ist ganz anders gekommen,
als wir gedacht haben.

Es lohnt sich also, auch in scheinbar
ausweglosen Situationen, zu hoffen
und nicht aufzugeben, solange wir atmen können.

Einigkeit macht stark

Wir fühlen uns allein gelassen mit einem Problem,
mit den Sorgen und Ängsten und grübeln daran herum,
wie wir aus diesem Tief herauskommen.

Warum schließen wir uns nicht einfach mit anderen
Menschen zusammen und sprechen mit ihnen über
unsere Probleme, Sorgen und Ängste.

Gemeinsam mit Gleichgesinnten werden
wir bestimmt eine Lösung finden,
denn Einigkeit macht stark.

Wie man in den Wald hineinruft,
so schallt es heraus

Haben Sie das schon einmal beobachtet
Sie schauen mürrisch in den Spiegel und
Ihr Spiegelbild schaut ebenso mürrisch zurück?

So ist es auch im Umgang mit anderen Menschen.
Wenn Sie jemandem fröhlich einen guten Tag
wünschen, ihn freundlich anlächeln, ihm etwas
Nettes sagen, so wird dieser freundliche Gruß,
dieses Lächeln auch zu Ihnen zurückkehren.

Das Gras wachsen hören

Das soll man hören können?

Sicher nicht, wenn man durch unsere
laute Welt geht ohne innezuhalten.

Aber man kann es hören, ganz leise,
ganz tief in sich, wenn man ein Gefühl
entwickelt für die feinen, die leisen Töne,
die man viel zu oft überhört.

Dem Schornsteinfeger die Hand geben

Damit er einem Glück bringt,
damit auch ich jemandem die Hand und
dieses Glück weitergeben kann und
der nächste in der Reihe vielleicht auch.

Und so kann eine ganze Glückskette
entstehen um die ganze Welt,
für den Frieden in der Welt.

Ein Unglück kommt selten allein

Wir stehen mit dem falschen Fuß auf
und nichts will uns an diesem Tag gelingen.

Wir denken am Abend, dass es ein
verlorener Tag gewesen ist,
mit seinen vielen Missgeschicken.

Aber schauen wir genauer hin,
dann werden wir entdecken, dass auch
dieser Tag schöne Seiten hatte, vielleicht
schon deshalb, weil die Sonne schien.

Undank ist der Welt Lohn

Diese Erfahrung hat sicherlich schon jeder einmal gemacht.

Doch wir sollten uns dadurch nicht entmutigen lassen,
weiterhin zu helfen, wenn wir um Rat gefragt werden.

Wir werden es sicher irgendwann
gedankt bekommen, möglicherweise
nicht von demjenigen, dem wir
geholfen haben, sondern in dem uns
Hilfe von einer Seite zuteil wird,
von der wir es gar nicht erwartet hätten.

Ein unbeschriebenes Blatt sein

Ein unbeschriebenes Blatt, das sind wir alle,
wenn wir das Licht der Welt erblicken
und doch ist es nicht ganz leer.
Es enthält unsere Erbanlagen und
ein weiterer Abschnitt wird durch
unsere Erziehung geprägt.

Aber irgendwann sind wir erwachsen und
dann beschreiben wir selber dieses Blatt.
Und wenn wir alt sind, dann haben wir
hoffentlich ein spannendes Stück
Lebensgeschichte geschrieben.

Mit Siebenmeilenstiefeln durchs Leben gehen

Welch ein Vorteil, ich werde viel
mehr erreichen als andere,
weil ich immer zuerst am Ziel sein,
alles zuerst sehen, wissen, hören werde.

Aber werde ich nicht auch
an vielen Dingen zu schnell
vorbeigelaufen sein und dadurch
manches gar nicht bemerkt haben?

Das Gänseblümchen am Wegesrand z. B.
oder die Maus, die aus ihrem Loch neugierig
hervorlugt, das kleine Mädchen, das fröhlich
lachend auf der Schaukel sitzt und und und.

Wieviel ist mir wohl verborgen geblieben
während ich mit Siebenmeilenstiefeln
durch das Leben gegangen bin?

Jemandem im Mondschein begegnen

Vielleicht hat das manchmal Vorteile,
lässt jemanden in anderem Licht erscheinen,
verwischt die scharfen Konturen.

Dann können wir über den anderen
Menschen milder urteilen, wenn wir ihm
später im Sonnenschein begegnen.

Vertrauen ist gut, Kontrolle ist besser

Soll man dieses Sprichwort
wirklich so stehen lassen?

Kann es nicht viel schöner sein,
wirklich zu vertrauen, sich ganz
fallen zu lassen, in der Gewissheit,
dass uns ein liebender Partner
immer sicher auffangen wird?

Den zweiten Frühling erleben

Dazu muss man nicht ein bestimmtes Alter
haben, man muss nur zeitig im Jahr, wenn
im Norden fast noch Winter ist, die Bäume
kahl und die Wiesen braun sind,
gen Süden fahren, wo bereits Mimosen und
Flieder blühen und die Obstbäume die ganze
Landschaft in ein Blütenmeer verwandeln.

Und wenn man später wieder heimwärts
Richtung Norden fährt, dann hat auch
hier der Frühling Einzug gehalten und
man erlebt alles ein zweites Mal.

Mit beiden Beinen fest im Leben stehen

Dies zu tun, sollten wir immer versuchen.

Doch es gibt Momente, da erscheint es uns,
als würde der Boden unter uns weggezogen,
wenn wir verlassen werden und um einen
Menschen trauern.

Dann müssen wir dieses Gefühl der Trauer
oder Ohnmacht zulassen, damit wir anschließend
fähig sind, uns am eigenen Schopf zu packen
und uns wieder aufrecht hinzustellen.

Die Welt mit den Augen eines Kindes betrachten

Nicht so viel grübeln, Dinge einfach so nehmen,
wie sie sind, unbefangen an alles herangehen,
lachen, spielen, singen -

das lässt uns manches Übel leichter ertragen.

Von allen guten Geistern verlassen

Von Menschen verlassen zu werden, die einem
nahestehen, ist schlimm.

Aber wir alle haben einen Schutzengel, der
uns behütet und uns beisteht, selbst wenn
wir ihn nicht sehen und nicht an ihn glauben.

Ein guter Geist ist also stets bei uns.

Sich ins Schneckenhaus zurückziehen

Diese Taktik können wir anwenden,
wenn wir überarbeitet sind, uns geärgert
haben, traurig oder schlecht gelaunt sind
und unsere Ruhe haben möchten,
aber sie ist nur nützlich, wenn wir
nach angemessener Zeit gestärkt
und gekräftigt wieder aus dem
Schneckenhaus hervorkommen.

Den Wald vor lauter Bäumen nicht sehen

Sie verstellen uns in ihrer Vielzahl den
Blick auf das Ganze, das Wesentliche.

Aber jeder einzelne Baum ist auch ein
Ganzes mit einem eigenen Schicksal,
das wir nicht vergessen dürfen,
denn ohne jeden einzelnen Baum
gäbe es gar keinen Wald.

Aus dem Vollen schöpfen

Wie praktisch, ich brauche nichts
mehr zu tun, es ist ja alles da,
ich brauche es mir nur zu nehmen.

Aber ist das mit der Zeit befriedigend,
kann es mir Erfüllung geben,
Anerkennung, Bestätigung?

Wohl kaum.

Wieviel schöner ist es doch,
auf ein Ziel hinarbeiten zu können
und dann, wenn man es erreicht hat,
sich vollen Herzens darüber zu freuen,
es aus eigener Kraft geschafft zu haben.

Nicht den Mut verlieren

Das ist oft leicht gesagt, bei Krankheit,
Einsamkeit, Arbeitslosigkeit.
Aber wenn es uns gelingt, die Hoffnung
nicht aufzugeben, indem wir ein Gebet
sprechen und einer höheren Macht
unsere Nöte und Sorgen anvertrauen,
kann es dann nicht sein, dass wir
am Horizont ein Licht erblicken,
das uns aus der Krise holt
und neuen Mut macht?

Sich mit fremden Federn schmücken

In eine andere Haut schlüpfen,
ein anderes Leben führen, anders aussehen,
anders sein als wir im Alltag ständig sind, das
kann recht amüsant erscheinen,
aber ständig eine Maske aufzusetzen, nie wir
selbst sein mit all unseren Schwächen und
Stärken, mit unseren Gefühlen und Gedanken,
das würde uns zu einer hilflosen Person machen
und unsere Selbstachtung untergraben.

Nicht von schlechten Eltern sein

Das kann uns im späteren Leben helfen,
wenn wir Eltern hatten, die uns geliebt
und uns Freiräume gelassen haben,
damit wir selbständig werden, die unsere
Phantasie angeregt und uns in unseren
Fähigkeiten gefördert haben, die uns
aber auch Grenzen setzten,
damit wir ein Ziel hatten und nicht mit
unserem jugendlichen Übermut
darüber hinausgeschossen sind.

Müßigkeit ist aller Laster Anfang

Es ist doch so schön, einmal nichts zu tun,
in den Tag hineinzuleben, einen langsameren
Gang einzulegen.

Wenn es aber dazu führt, dass wir nur
noch einen Tag wie den anderen
verstreichen lassen, dann kann es gefährlich
werden, dazu führen, dass wir kein Glück
mehr empfinden, denn das entsteht durch
eine Tätigkeit, eine zufriedenstellende Arbeit,
ein interessantes Hobby.

**Wenn ich noch einmal jung wäre,
würde ich alles anders machen**

Ich würde nicht noch einmal drei Kinder
haben wollen, mich nicht fast ausschließlich
mit der Erziehung und dem Haushalt
beschäftigen, vielleicht würde ich auch
nicht mehr heiraten.

Stattdessen hätte ich einen Beruf,
in dem ich mich selbst verwirklichen kann,
hätte Erfolg, würde Geld verdienen,
in die Welt hinausziehen und
sie zu erobern versuchen.

Aber wäre ich wirklich zufrieden?

Wenn ich erneut in meinem jetzigen
Alter wäre, würde ich dann nicht
auch wieder sagen:

wenn ich noch einmal jung wäre, dann . . .

Die Spreu vom Weizen trennen

Das fällt nicht immer leicht.

Vielleicht fehlt uns manchmal das
Wissen dazu, oder wir sind geblendet
von irgendwelchen wertvolleren Dingen,
oder erfolgreicheren Menschen.

Dadurch können wir schnell den Überblick verlieren.

Dann sollten wir in einer ruhigen Stunde auf
unsere innere Stimme hören, herausfinden
was gut für uns ist und danach noch
einmal unsere Wahl treffen.

Ehrlich währt am längsten

So bin ich erzogen worden, nicht zu lügen,
nicht zu stehlen, immer die Wahrheit zu sagen.
Immer die Wahrheit?

Soll ich meiner Freundin sagen, dass sie
unvorteilhaft aussieht,
der Nachbarin verraten, dass ihr Mann sie
betrügt, dem alten Mann gestehen,
dass er nicht mehr gesund werden wird?

Bringt Ehrlichkeit nicht auch Angst, Unruhe,
Unsicherheit in das Leben?

Vielleicht sollte ich bedingungslos ehrlich
nur zu mir selber sein und ansonsten
meinem Gefühl vertrauen, mit der
Gewissheit, nur so ehrlich gewesen
zu sein, wie ich es glaube verantworten
zu können, vor mir selbst, vor meinem Spiegelbild.

Nach den Sternen greifen

Das möchten wir so manches Mal im Leben.
Wir wollen uns jeden Wunsch erfüllen
und alles tun, was wir uns vorstellen können.

Die Sterne sind aber meist nur nachts da,
wenn wir schlafen und träumen und
so wird auch mancher Wunsch
nur ein Traum bleiben.

Aus der Mücke einen Elefanten machen

Warum tun wir das so häufig,
dass wir aus Kleinigkeiten ein so
großes Ereignis machen?
Wenn wir die Mücke fragen könnten,
dann würde sie uns vielleicht sagen,
dass sie gar kein Elefant sein möchte,
dass sie sich mit ihrer Größe
und in ihrer Haut sehr wohl fühlt.

Auf zwei Hochzeiten tanzen

Auf zwei eigenen, wäre das nicht ideal?

Wir hätten zwei Männer, die sich ergänzen,
einer hat vielleicht viel Geld und der andere
hilft im Haushalt und Liebe gäbe es im Doppelpack.

Aber sicher gibt es auch doppelt
soviel Ärger, Sorgen, Streit.

So tanze ich vielleicht doch lieber nur
auf einer Hochzeit, meiner ganz
persönlichen mit meinem Mann und
teile mit ihm alle Vorzüge und alle Schwächen.

Reden ist Silber, Schweigen ist Gold

Reden tut gut, sich alles von der Seele
reden, jemandem einen Rat geben.

Doch dann ist es wieder besser,
zu schweigen, einfach den Arm um
einen anderen Menschen zu legen,
ihn an die Hand zu nehmen oder
ihm tief in die Augen zu sehen.

Alles hat zwei Seiten

Eine gute und eine weniger gute,
eine helle und eine dunkle.

Und jedes Ende beinhaltet nichts
Endgültiges, sondern bereits einen
neuen Anfang in eine neue Richtung.

Eins und eins zusammenzählen

Das ist einfach, denn das Ergebnis ist festgelegt.

Manchmal aber läuft das Leben nicht
in dieser vorgeschriebenen Form.

Dann hält es Überraschungen bereit,
unliebsame, die uns aus der Bahn
werfen können und schöne, mit
denen wir gar nicht gerechnet haben.

Alles über einen Kamm scheren

Das ist beim Friseur und im Hundesalon zu akzeptieren.

Aber wir machen es uns mit Sicherheit zu
einfach, wenn wir nicht, sei es bei uns
Menschen oder anderen Lebewesen,
auf die feinen Unterschiede achten, die
jedes Individuum erst zu einem solchen macht.

Mit den Hühnern aufstehen

Morgens um vier, wenn der Hahn kräht,
ist es dann nicht noch kalt und dunkel?

Ich nehme mir vor, den Versuch zu wagen,
gehe schlaftrunken durch die menschenleeren
Straßen. Mutterseelenallein.

Warum bin ich nur so früh aufgestanden?

Aber da, höre ich nicht ein zaghaftes
Vogelstimmchen guten Morgen sagen,
blinzelt mir nicht ein erster Sonnenstrahl
in mein müdes Gesicht, läuten da nicht
die Glocken den beginnenden Tag ein?

Es ist wie bei einem Konzert, bei dem
nach und nach alle Instrumente einfallen.

Und als der Hahn erneut kräht, stimme auch
ich leise ein Lied an für einen neuen Tag.

Sich ein X für ein U vormachen

Das tun wir gelegentlich bei uns und
auch anderen gegenüber.

Aber wozu?

Anderen etwas vorzumachen oder
selbst den Kopf in den Sand zu
stecken, bringt uns nicht weiter.

Es nutzt uns letztlich nur, den
Tatsachen ins Auge zu sehen, sie
hinzunehmen oder zu versuchen,
den Dingen eine Wendung
zum Besseren zu geben.

Man soll den Tag nicht vor dem Abend loben

Denn man weiß nie, was er an
Misslichkeiten für uns bereithält.

Wenn wir uns aber bemühen,
ihn optimistisch anzugehen,
ein Lied singen, ein freundliches
Wort sagen, dann können uns
Unannehmlichkeiten nicht so
stark beeinträchtigen, dann werden
wir vielleicht sogar einen nicht
so guten Tag schon deshalb am
Abend loben können, weil es
nicht noch schlimmer gekommen ist.

Von Luft allein kann man nicht leben

Aber wir können sie ganz tief einatmen,
unsere Lungen weiten und unseren
Geist erfrischen und uns beim Ausatmen
von mancherlei Ballast befreien.

Nicht alles in eine Waagschale werfen

Um kein hohes Risiko einzugehen,
weder finanziell noch durch körperliche
Überanstrengung oder in seelischen Dingen,
damit wir ausgeglichen bleiben und
zu innerem Frieden und Harmonie gelangen.

Gegen den Strom schwimmen

Dabei kann man Dinge erleben,
die der Mehrheit von
uns verborgen bleibt, sieht
man doch alles von einer
anderen, ganz neuen Seite.

Und man kommt auch oftmals
zu Erkenntnissen,
die man bisher nicht hatte.

Aber immer gegen den Strom
schwimmen, bedeutet dies nicht
auch Einsamkeit, Unbeliebtheit,
Unverständnis?

Dann ist es sinnvoll, auch wieder
das Gemeinsame zu suchen und
auf seine Mitmenschen zuzugehen.

Alles durch die rosarote Brille sehen

Das erscheint auf den ersten Blick verlockend,
aber wäre es mit der Zeit nicht sehr
unbefriedigend, langweilig gar?

Wie soll man Freude verspüren können,
wenn man nicht auch Ärger kennt,
die Strahlen der heißen Sonne ohne
die Kühle des Schattens ertragen,
ständiges Lachen ohne erlösende Tränen?

Es ist doch der ständige Wechsel,
den das Leben ausmacht, das Wissen,
dass auf Dunkelheit immer Licht folgt
und man die rosarote Brille gar nicht braucht.

Das Geld liegt auf der Straße

Das stimmt, ich habe zuweilen
welches gefunden.

Wenn es viel war, einen 10,- € Schein,
aber meist nur 50 Cent, 10 Cent oder
etwas häufiger ein 1 Cent Stück.

Aber reich konnte ich dabei nicht werden.

Oder war ich es doch?

Wollte mir dieser Cent zeigen, dass ich
Glück haben werde, dass das Geld in
Form von Glück auf der Straße liegt?

Dass ich reich bin, mit allem, was mir
das Leben gibt, zu essen, zu trinken,
die Schönheit der Natur, Arbeit,
Freunde, Gesundheit?

Geld liegt also tatsächlich auf der Straße,
manchmal nur etwas versteckt.

Aufgeschoben ist nicht aufgehoben

Wenn ich heute Dinge nicht mehr tue,
die mir unangenehm oder lästig sind,
so werde ich doch irgendwann mein
Versprechen einlösen und meine
Arbeit zu Ende bringen müssen.
Ich muss mich für meine Vergesslichkeit
entschuldigen, den Freund um
Verzeihung bitten.

Manche Dinge erledigen sich eben
nicht von selbst, sie bleiben stets
aufgeschoben, bis wir sie getan haben.

Warum also fangen wir nicht
gleich heute damit an?

Die Welt mit den Augen eines Kindes betrachten

Wenn wir erwachsen sind machen wir viele Dinge
voller Hektik, wollen alles auf einmal erledigen,
lassen uns schnell aus der Ruhe bringen
und wechseln von einer Tätigkeit in die nächste.

Wir können nicht schlafen, weil wir über die
Vergangenheit grübeln oder uns um die Zukunft
Sorgen machen. Dabei verlieren wir aus den
Augen, dass es auch ein Heute gibt.

Kinder leben im Augenblick, sie spielen versunken
mit ihren Legosteinen oder Bauklötzern, sind
völlig auf diese eine Sache konzentriert.

Sie machen eins nach dem anderen und sind nicht
in Gedanken schon bei der nächsten Tätigkeit.

Sie lachen, wenn sie lachen, sie spielen, wenn
sie spielen und sie essen, wenn sie essen.

Es wird uns sicher nicht gelingen, so wie ein Kind
zu sein, aber wir könnten versuchen, doch
wenigstens ab und zu nur für den Augenblick
zu leben und an nichts anderes zu denken.

Gleich und Gleich gesellt sich gern

Es sind dieselben Interessen vorhanden,
ähnliche Meinungen vertreten,
da ist Übereinstimmung und Harmonie.

Aber die Würze des Alltags, entsteht sie
nicht dadurch, dass nicht immer alles
gleich ist, sondern dass man sich ergänzt?

Ziehen sich nicht gerade Gegensätze an?

Jemanden aufs Glatteis führen

Das mag als Spaß gedacht sein,
oft geschieht es aber auch mit Absicht,
weil wir uns rächen wollen für
etwas, was uns angetan wurde.

Wir schaden uns aber eigentlich nur selbst,
wenn wir einen anderen schlecht oder
ungerecht behandeln und zerstören
vielleicht eine Freundschaft, weil wir versäumt
haben ein klärendes Gespräch zu führen.

Das Blaue vom Himmel holen

An manchen Tagen läuft alles schief,
wir sind schon am Morgen frustriert,
weil wir schlecht geschlafen haben und
glauben, dass uns nun den ganzen Tag
nichts gelingen wird.

Die Welt erscheint schrecklich und ungerecht.

Mit dieser Einstellung widerfahren uns
nun tatsächlich ständig Missgeschicke,
nichts geht uns von der Hand.

Wenn wir aber einen Moment innehalten
würden, um die Sonnenstrahlen zu betrachten,
die aus einem blauen Himmel zu uns
herunterstrahlen, dann können wir in
Gedanken ein Stück von diesem
Himmelsblau zu uns holen und den
Rest des Tages positiver gestalten.

Jemand bringt uns zur Weißglut

Das passiert gelegentlich, beispielsweise
im Büro, wenn wir unserem Vorgesetzten
nichts recht machen können, obwohl wir
meinen, gute Arbeit geleistet zu haben.

Oder wir werden an einem Tag, an dem
wir selbst gestresst sind, von einem
Freund ständig angerufen und sollen
uns seinen Ärger auch noch anhören.

Uns ist der Tag verdorben und wir nehmen
die negativen Gedanken mit in den Schlaf.

Doch wir könnten auch versuchen,
anders zu reagieren, uns an Erfreuliches
erinnern, an den letzten Urlaub,
an nette Begegnungen mit Freunden
und uns in Erinnerung rufen, dass
es auch schöne Dinge auf der Welt gibt.

Dann nehmen wir es nicht mehr so schwer,
wenn uns jemand zur Weißglut bringt.

Man ist so jung wie man sich fühlt

Vielen Menschen passiert es, dass Sie glauben,
ab einem bestimmten Alter etwas nicht mehr tun
oder sich nicht mehr so jugendlich kleiden zu können.

Aber die Anzahl der Lebensjahre muss
nicht unser Handeln bestimmen.

Wir wirken oder fühlen uns jünger, wenn wir
Dinge mit Humor nehmen, Veränderungen
und Verwandlungen zulassen, neugierig bleiben
und auch einmal etwas Verrücktes tun.

Immer das tun, was andere wollen

Wenn wir ängstlich sind und unsicher, glauben
wir zuweilen, dass wir auf den Rat anderer
Menschen hören sollten, weil sie bestimmter und
selbstsicherer auftreten und was sie sagen richtig ist.

Eigentlich wollen wir aber nicht immer das tun,
was sie uns raten, weil es mit unseren Wünschen
und Vorstellungen nicht übereinstimmt.

Deshalb müssen wir versuchen, etwas an uns
zu verändern, mutiger werden, uns klarmachen,
dass wir ein wertvoller und eigenständiger
Mensch sind mit unseren eigenen Bedürfnissen.

Dann sind wir nicht mehr abhängig von der Meinung
der anderen, müssen uns nicht nach ihnen richten
und können unsere Entscheidungen allein treffen.

Um sieben Ecken denken

Gelegentlich kommt es vor, dass wir nach einer
Lösung für etwas suchen, uns aber der richtige Weg
einfach nicht einfallen will. Unsere ganze Energie ist auf
dieses Problem gerichtet und beschäftigt uns ununterbrochen.

Unsere Gedanken irren umher und wir bekommen
plötzlich Zweifel, ob es überhaupt eine Lösung geben wird.

Vielleicht kämen wir eher zum Ziel, wenn wir ruhiger
an alles herangehen würden, tief ein- und ausatmen
und uns wieder ins Gleichgewicht bringen.

Mit neuer Energie müssen wir dann nicht
mehr um sieben Ecken denken.

Im Nachhinein ist alles anders

Wenn wir zurückblicken haben wir im Leben
schon viele unangenehme Situationen erlebt,
uns falsch behandelt gefühlt, vor etwas Angst
gehabt, über einen Streit geärgert, dem wir
nicht aus dem Weg gegangen sind und
uns viel zu lange mit irgendwelchen
Missgeschicken beschäftigt.

Aber Niederlagen und Fehler gehören zum
Leben dazu.

Wir können auch daraus lernen
und mit genügend Abstand die
Dinge anders bewerten und etwas Positives
für unsere Entwicklung darin erkennen.

Dann sieht manches im Nachhinein ganz anders aus.

Man soll niemals nie sagen

Wir hören Ereignisse und Geschichten
von Menschen, von denen wir sagen,
dass wir so nie handeln würden oder
uns das nicht passieren könnte.

Wir urteilen über diese Leute oft negativ.

Aber kennen wir uns wirklich so genau?
Vielleicht tun wir doch irgendwann Dinge,
die wir bisher nie für möglich gehalten hätten.

Also sagen wir lieber niemals nie
und versuchen die Handlungen anderer
Menschen besser zu verstehen.

Seines Glückes Schmied sein

Wir bewundern Menschen, denen
anscheinend alles gelingt,
die Karriere gemacht, gut
erzogene Kinder und einen
hilfsbereiten Partner haben.

Wir sagen uns, dass diese Menschen
in Ihrem Leben Glück hatten und ihnen
wahrscheinlich alles zugeflogen ist.

Oder sind sie nur an viele Dinge
anders herangegangen?

Wieviel haben sie an sich gearbeitet,
damit sie heute so zufrieden sind?

Den Menschen, die wir bewundern
ist sicher nicht alles sofort geglückt.

Auch sie haben Rückschläge erlitten und es
gibt nicht immer ein friedliches Miteinander.

Versuchen wir einfach selbstbewusster
aufzutreten und vertrauen wir darauf,
dass uns auch alles gelingen wird.

Dann sind auch wir ein Stück weit
unseres Glückes Schmied.